Contraste insuffisant
NF Z 43-120-14

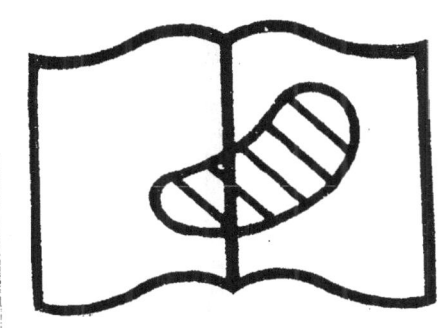

Illisibilité partielle

VALABLE POUR TOUT OU PARTIE DU
DOCUMENT REPRODUIT.

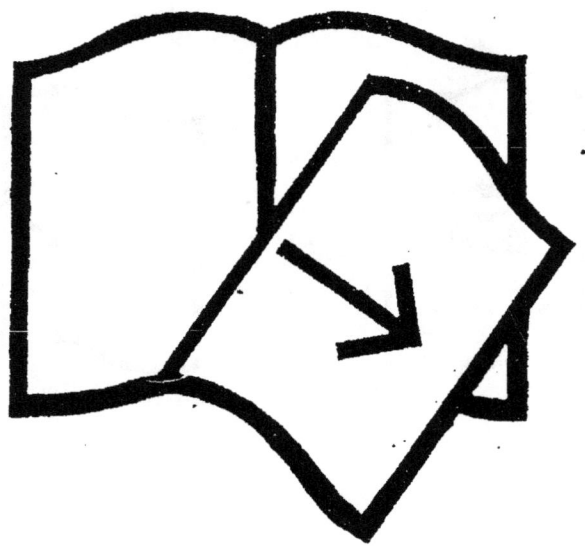

Couverture inférieure manquante

Original en couleur

NF Z 43-120-8

QUELQUES PAGES INÉDITES

DE

LOUIS DE RECHIGNEVOISIN DE GURON

ÉVÊQUE DE TULLE ET DE COMMINGES

PUBLIÉES

Par PHILIPPE TAMIZEY DE LARROQUE

———

TULLE
IMPRIMERIE CRAUFFON
36, rue du Trech, 36
—
1885

QUELQUES PAGES INÉDITES
DE
LOUIS DE RECHIGNEVOISIN DE GURON

EXTRAIT A CINQUANTE EXEMPLAIRES

DU

Bulletin de la Société des Lettres, Sciences et Arts de la Corrèze.

QUELQUES PAGES INÉDITES

DE

LOUIS DE RECHIGNEVOISIN DE GURON

ÉVÊQUE DE TULLE ET DE COMMINGES

PUBLIÉES

Par PHILIPPE TAMIZEY DE LARROQUE

TULLE
IMPRIMERIE CRAUFFON
36, rue du Trech, 36

1885

AVERTISSEMENT

On n'a pas, ce me semble, consacré de nos jours le moindre travail spécial à Louis de Rechignevoisin de Guron. Ni dans le Poitou, sa province natale, ni dans le Limousin et dans la Gascogne, provinces auxquelles le rattache son épiscopat (1653-1670 et 1671-1693) (1), on ne s'est assez souvenu d'un homme qui joua un rôle considérable au milieu des affaires politiques et religieuses de son temps. Je n'ai pas la prétention de réparer entièrement la négligence des biographes (2). Moins ambitieux, je me contenterai d'offrir au lecteur quelques

---

(1) Voir sur l'épiscopat de Guron à Tulle le *Gallia Christiana* (tome II, col. 676). Je me garde bien de renvoyer, pour son épiscopat à Comminges, au même recueil (tome I, col. 1112), car on n'y trouverait que cinq lignes où l'on apprendrait seulement que le prélat, nommé le 5 janvier 1671, mourut dans sa ville épiscopale le 20 mai 1693, à l'âge de 77 ans.

(2) La *Bibliothèque historique de la France* ne signale aucune notice sur le prélat. Même silence dans le *Catalogue de la Bibliothèque Nationale*. Guron n'a pas même le plus petit article dans nos recueils biographiques (Moréri, Michaud, Didot, Lud. Lalanne, etc.) En définitive, on ne possède guère que le chapitre qui le concerne dans cette histoire de la ville de Tulle *(Historia Tutelensis*, 1717, in-4º), dont l'érudition si profonde et si variée de Baluze a fait une source intarissable de renseignements de tout genre, source dont nul travailleur ne peut parler sans admiration et reconnaissance.

documents inédits qui feront un peu mieux connaître ce personnage, en attendant qu'il devienne enfin l'objet d'une monographie vraiment digne de lui.

Le premier de ces documents est un mémoire autobiographique adressé par Guron, en 1681, à Etienne Baluze, qui préparant alors déjà l'histoire de la ville de Tulle et de ses évêques, lui avait demandé des renseignements afin de raconter exactement sa vie, comme il en avait aussi demandé à Jules Mascaron (3). Ceux qui ne sont pas assez heureux pour avoir à leur disposition le volume, devenu si rare, de Baluze, retrouveront dans les lignes tracées par l'évêque de Comminges les principales indications désirables sur l'habile et zélé collaborateur du cardinal Mazarin.

Les huit lettres qui suivent la petite autobiographie de Guron complètent sur divers points ce rapide croquis. On remarquera surtout trois de ces lettres : celle du 23 septembre 1652, où Guron se plaint très vivement au cardinal Mazarin d'une retenue de trois mille livres sur les revenus de l'évêché de Tulle, et rappelle, avec autant d'amertume que de fierté, à l'ingrat ministre les nombreux services qu'il eut l'occasion de lui rendre et qui eussent dû lui assurer un meilleur traitement; celle du 6 mai 1654, où il donne au même cardinal d'intéressantes explications sur un bref que lui avait adressé le pape Innocent X et qui était relatif aux querelles du Jansénisme ; enfin celle du 4 mai 1681, où sont réunies de curieuses particularités sur Pierre de Marca, archevêque de Toulouse, puis de Paris, et sur le cardinal de Richelieu. Là, Guron fournit divers détails, d'après les confidences de son ami le savant historien du Béarn, qu'il appelle « homme illustre, » sur le projet que le grand ministre aurait, un moment, caressé de se faire patriarche d'Occident. Cette lettre, remplie des plus précises révélations, est, si j'osais employer un mot familier fort à la mode, le *clou* de mon petit recueil. J'aime mieux dire

---

(3) Les trois réponses du célèbre orateur au docte historien constituent l'opuscule que j'ai mis au jour (Agen, 1863) sous ce titre : *Notes pour servir à la biographie de Mascaron, évêque d'Agen, écrites par lui-même et publiées pour la première fois.*

que c'est une page d'histoire presque entièrement neuve et d'une singulière importance (4).

Je dois encore mentionner une lettre à Colbert dans laquelle Guron demande l'évêché de Castres (17 juillet 1662) et une lettre à Hugues de Lionne, dans laquelle il demande (25 mai 1667) l'évêché de La Rochelle (5). Guron n'eut pas plus de bonheur auprès de ces deux ministres qu'il n'en a eu auprès de la postérité : il fut laissé de côté de son vivant, comme après sa mort. Que, du moins, les documents divers ici réunis ramènent un rayon sur la mémoire de celui qui — ce qui était un grand éloge sous une telle plume — a été appelé *un honnête homme* par Mademoiselle de Montpensier ! (6).

Ph. TAMIZEY de LARROQUE.
Correspondant de l'Institut.

---

(4) Il suffira de rappeler que l'homme de notre temps qui a le mieux connu tout ce qui regarde l'évêque de Luçon, mon vénérable ami feu M. Avenel, a déclaré (t. VII de son beau recueil, p. 199) qu'on a accusé, *sans aucune preuve*, Richelieu d'avoir voulu faire créer pour lui la dignité de patriarche des Gaules.

(5) Louis de Guron avait cherché à obtenir des prieurés, avant de chercher à obtenir des évêchés : On lit dans les *Lettres, instructions diplomatiques et papiers d'Etat du cardinal de Richelieu* publiés par M. Avenel (t. VII, 1874, p. 57, lettre écrite de Tarascon, le 29 juillet 1642, à M. de Noyers) : « L'abbé de Guron demande un prieuré, nommé le prieuré de Prie, sciz dans l'isle de Mezières ; vous verrés, si c'est chose que le roy puisse et doive donner, auquel cas vous en parlerés, s'il vous plaist, à S. M. en faveur dudict S* de Guron. »

(6) *Mémoires*, édition de M. Chéruel, tome II, 1858, p. 60. (Voir même tome, p. 41-43), le piquant récit de l'arrestation de l'abbé de Guron, ordonnée par la petite-fille d'Henri IV.

MÉMOIRE POUR MONSIEUR BALUZE.

Je suis né en Poictou à la fin de 1617 (1). (Je ne sçai pas bien si c'est novembre ou décembre) à Guron, à six lieues en deça de Poictiers et baptisé à Guron (2).

Mon père et ma mère portoient mesme nom et mesmes armes, et n'estoient parans qu'au sixième degré. C'estoit un accommodement de famille (3).

Il y a près de quatre cents ans que ma maison est transplantée en Poictou, car ceux de Rechignevoisin sont de la Marche et la maison de ce nom y est encore (4), nom qui n'est plus dans ma branche il y a plus de deux cents ans et elle est sortie de la maison il y a près de cent ans. Mon

---

(1) D'Hozier, dans la très ample généalogie (50 pages in-f°) *De Rechignevoisin de Guron* (*Armorial général*, registre IV, 1752), fait naître Louis *vers l'an 1616*. C'est aussi la formule employée dans le *Dictionnaire historique, biographique et généalogique des familles de l'ancien Poitou* par feu M. Henri Filleau publié par son petit-fils H. Beauchet-Filleau et Ch. de Chergé (Poitiers, 1840-1854, tome II, p. 594). Notre document nous permet donc, dès les premiers mots, de rectifier l'erreur de deux généalogistes qui font autorité.

(2) Le château de Guron était situé, nous dit d'Hozier, « dans la paroisse de Pairé, châtellenie de Lusignan. » Pairé ou mieux Payré (orthographe officielle) est une commune de l'arrondissement de Civray, canton de Couhé-Vérac, à 7 kilomètres de cette ville, à 31 kilomètres de Poitiers.

(3) Jean de Rechignevoisin, écuyer, seigneur de Guron, avait épousé (en secondes noces), le 28 mars 1606, Marie de Rechignevoisin, veuve de Daniel Chevalier, écuyer, seigneur de la Richardière, fille de Jean de Rechignevoisin, écuyer, et de Renée d'Elbène.

(4) D'Hozier complète ainsi cette indication : « Rechignevoisin est le nom d'une terre située sur la frontière du Poitou et de la Marche, dans l'étendue de la paroisse de Saint-Pierre de Nau... »

père a eu des ambassades et emplois [comme] le *Mercure françois*, Du Pleix et les autres historiens ont escrit et les afaires d'Italie et de Lorraine, ceux qui ont escrit l'histoire des mouvemens de La Rochelle disent les ordres et les emplois (5). Il fust envoié en Espagne du temps d'Henri le Grand. Mon grand-père (6) estoit gouverneur de Lesignens soubs Charles IX et Henri III. Il fut assiégé par M. l'admiral de Coligni qui ne le put prandre ayant esté secouru par M. le comte de Brissac, second mareschal de France de cette maison. M. l'Admiral fit brusler Guron et ses bois qui est à deux lieues de Lesignens et la femme de celui la (7) fut tuée par des prisonniers qui sortoient sur leur parole. M. le président de Thou dit l'histoire (8).

Les armes sont de gueule à une fleur d'argent

---

(5) Jean de Rechignevoisin, chevalier de l'ordre du roi, gentilhomme ordinaire de sa chambre, conseiller en ses conseils d'État et privé, maréchal de ses camps et armées, gouverneur de la ville et château de Marans, etc., figure dans tous les mémoires du temps et on ne saurait trop s'étonner que, comme son fils, il ait été complètement négligé par les biographes. Le cardinal de Richelieu l'honorait de son estime et même de son affection. D'Hozier a imprimé, à la suite de la généalogie de *Rechignevoisin* (p. 27 et suiv.) diverses *lettres historiques* écrites au père de l'évêque de Tulle, parmi lesquelles on remarque une trentaine de lettres de Richelieu. En novembre 1627, le grand homme s'amuse à donner à son correspondant le titre que voici : *Au R. P. Guron, gouverneur de Marans*. Dans une autre lettre il lui adresse ces mots si noblement encourageants : *Faites paroistre que vous estes Guron*. Voir dans le Recueil Averel (tomes I, II, III, IV, VII, VIII, *passim*) une foule de témoignages relatifs à Jean de Rechignevoisin, qui, pendant les années 1632 et 1633 fut ambassadeur en Lorraine et ensuite en Angleterre et qui mourut au commencement de l'année 1635.

(6) Gabriel de Rechignevoisin, seigneur de Guron et des Loges, fut gentilhomme ordinaire de la chambre du roi, capitaine de cinquante hommes d'armes de ses ordonnances, gentilhomme d'honneur de Catherine de Médicis, etc.

(7) C'était Anne Bonnin, sœur de François Bonnin, écuyer, seigneur du Cluzeau.

(8) Voici le récit du président de Thou (livre XLV, année 1569, traduction de 1734, tome V, in-4º, p. 565) :

« A quelque temps de là [après que Brissac eût surpris Mongon-

en abisme (9). M. d'Erouval (10) m'en a fait donner un sceau par feu M. de Sainte-Marthe (11) d'un Rechignevoisin il y a plus de trois cents [ans] qui se dit capitaine de gens d'armes de ce temps là dont le père fut encore en Italie avec M. le comte de Sulli d'alors dont la relation est dans la chambre des Comptes (12).

Je fus encore en 1650 à La Rochelle (13) pour faire préparer les vaisseaux pour attaquer Bourdeaux que Sa Majesté attaquoit en personne (14).

L'année d'après, je fus encore dans le gouvernement de la Reine où j'entré avec M. le m[arquis] d'Estissac avec six compagnies de guardes et la noblesse qu'avoit réuni le dit sieur d'Estissac (15).

---

méry à Saint-Eloi], les protestants formèrent le dessein de surprendre la ville de Lusignan. Mais ayant manqué leur coup, ils tournèrent du côté du château, où Guron commandoit : ils gagnèrent son lieutenant, qui promit de leur livrer la place le 17 de février : il choisit ce jour là, parce qu'il se devoit alors donner un grand repas dans la ville, où les principaux officiers de la garnison étoient invitez : et les protestants devoient se rendre auprès des portes. Le jour venu, le lieutenant vient dans le château, avec sept de ses complices, et ayant massacré le corps de garde, où il y avoit peu de monde, il va droit à Guron, qui sortoit au bruit qu'il venoit d'entendre, et lui porte un coup, qui l'eut tué, si sa femme s'étant jettée entre deux, n'eut reçu le coup qui la tua. » Voir encore l'*Histoire universelle* d'Ag. d'Aubigné (tome I, p. 276) et, sans parler de divers autres auteurs, tels que Piguerre, La Popelinière, etc., le document inédit mis à l'*Appendice* sous le n° I et intitulé : *Note sur la famille de Guron*.

(9) D'Hozier, H. Filleau indiquent les mêmes armes : *De gueules à la fleur de lis d'argent*.

(10) Vion d'Hérouval, un des plus savants et des plus modestes travailleurs du XVII° siècle.

(11) Abel de Sainte-Marthe, seigneur d'Estrepied, garde de la bibliothèque de Fontainebleau, mort à Poitiers en 1652.

(12) Voir, outre d'Hozier, H. Beauchet, et encore La Chesnaye des Bois, l'*Histoire de Berry* de La Thaumassière citée par Baluze (collection dite des Armoires, n° 252, f° 171, 172), qui renvoie aussi à des titres anciens (de 1316, 1325).

(13) On pourrait croire à une lacune dans le texte, tant la transition est brusque et hardie.

(14) Voir, à l'*Appendice*, sous le n° II, une *note sur les lettres de Guron relatives à la fronde bordelaise*.

(15) Voir sur ce personnage les *Mémoires* de La Rochefoucauld

En estant revenu à la cour en suite d'une maladie d'année que j'eus, on m'y envoia encore soubs M. de Vandosme (16) pour ensuite assieger Bourdeaux. J'avois la commission de chef de la marine et la direction des armes et des finances depuis la rivière de Creuse jusques à Bayonne, ce qui me donnoit de signer toutes les expéditions avec M. de Candale et M. de Vendosme. On fit le siège de Bourdeaux qui fit son traité où j'ai signé avec les generaux et nous trois seuls. Les députés du Parlement ayant faict leurs harangues à ces Messieurs me rendirent une visite tous ensemble.

L'année d'après, m'estant retiré à Tulle, M. le mareschal d'Estrades (17) ayant descouvert quelque intelligence escrivit a la Cour qu'il falloit qu'on m'y envoiast. J'en eus l'ordre et j'y demeurai quelques mois. Dans ces temps nubileux (18) M. le cardinal Mazarin vouloit que je lui don-

---

(édition des *Grands écrivains de la France*, tome II, 1874, p. 314.) On lui avait donné, pour exciter son zèle, tous les gouvernements du comte du Doignon. Le marquis d'Estissac et son régiment sont souvent mentionnés dans les *Souvenirs du règne de Louis XIV* par le comte de Cosnac (Paris, 1866-1882, 8 vol. in-8°.)

(16) Le fils du roi Henri IV (César, duc de Vendôme), et plus loin, le fils du duc d'Epernon (Gaston, duc de Candalle), sont trop connus pour que j'en dise ici la moindre chose. N'apportons pas des porcelaines à Limoges. Je rappellerai seulement que M. de Cosnac, dans l'ouvrage que je viens de citer (tome V, p. 357), a publié, d'après la minute inédite des Archives du ministère de la guerre, les instructions « A M. l'abbé de Guron pour s'employer près de M. de Vendosme à toutes les choses qui seront à faire pour le service du roy, du 16° décembre 1652. » D'après ces instructions, l'abbé de Guron était envoyé « pour soulager et assister » le duc de Vendôme. En réalité, si on lit entre les lignes du document, on reconnaît que le duc devait être le bras, mais que l'abbé devait être la tête.

(17) Godefroi, comte d'Estrades, naquit à Agen ou près d'Agen en 1607 et mourut à Paris en 1686. Je demande la permission de rappeler que, dans le tome III de ma *collection méridionale (Relation inédite de la défense de Dunkerque, 1651-1652, par le maréchal d'Estrades, suivie de quelques-unes de ses lettres également inédites, 1653-1655)*, j'ai donné une notice étendue sur mon compatriote.

(18) Littré n'a cité sur ce mot, dans le *Dictionnaire de la langue française*, que deux écrivains, Montaigne et Scarron.

nasse mes memoires, surtout sur les affaires de Poictou.

M. de Poictiers (19) qui m'a donné la tonsure en 1627. En 1634 j'eus l'abbaye de Moreaux en Poictou (20).

J'ai fait mes basses classes jusques en troisième aux Jésuites à Poictiers et par le conseil du P. Sirmond, confesseur du roy (21), je fus mis au collège d'Harcour (22) où je fis la philosophie sous

---

(19) C'était Henri-Louis de Chasteigner de La Rochepozay qui siégea de 1611 à 1651. Voir *Gallia Christiana* (tome II, col. 1206-1208.)

(20) Ceci permet de compléter la notice du *Gallia Christiana* (tome II, col. 1298) sur l'Abbaye de Notre-Dame de Moreaux *(Abbatia B. Mariæ de Morellis)*, où nulle date n'est indiquée en ce qui regarde la nomination de Louis de Guron. Comme ce dernier, tonsuré à l'âge de dix ans, n'avait, en 1634, que dix-huit ans, le précoce abbé réclama, pour hâter l'expédition de ses bulles, l'intervention du tout puissant cardinal de Richelieu. Voici la lettre que le grand ministre écrivit « A Mgr l'Eminentissime et Révérendissime cardinal Antoine Barberin, à Rome, » lettre dont l'orignal nous a été couservé par Baluze (manuscrit déjà cité, f° 193) et que l'éditeur des *Lettres et papiers d'Etat* s'est contenté d'analyser (tome VII, p. 1006; tome VIII, p. 271) : « Monseigneur, le Roy ayant agréé la résignation que l'abbé de La Lucat [encore une addition au *Gallia Christiana* où l'on ne mentionne aucun abbé entre Jean de Pardaillan 1557-1559 et Louis de Guron] a faite de son abbaye en faveur du filz de M. de Guron, je prends la plume pour suplier Vostre Eminence de luy faire l'honneur de luy deppartir son assistance pour l'obtention de ses bulles. Ledict sieur de Guron estant une personne que Sa Majesté veoit de bon œil et que j'affectionne particulièrement, je me prometz que vous le favoriserez en ceste consideration autant qu'il vous sera possible, non seulement en ceste occasion, mais en toute autre qui s'en pourroit presenter, vous asseurant que je n'en perdray jamais aucune de servir Vostre Eminence et vous tesmoigner que je suis, Monseigneur, vostre tres humble et tres affectionné serviteur. LE CARD. DE RICHELIEU. — De Ruel, ce 25° juin 1634. »

(21) Jacques Sirmond, né à Riom en 1559, mort à Paris en 1651, le savant et célèbre éditeur des *Concilia antiqua Galliæ* (1629, 3 vol. in-f°).

(22) Dans des notes rédigées le 8 juin 1688, à Alan (maison de campagne des évêques de Comminges, commune du même nom, arrondissement de Saint-Gaudens, canton d'Aurignac, à 68 kilomètres de Toulouse), et adressées à M. de Fès, à Toulouse (ms. 252, f° 157), Guron donne sur ce point un peu plus de détails : « Je fus mené à huit ans [à Paris] et mis au collège d'Harcourt en 3me où on me fit demeurer deux ans et on me fit monter en philosophie sans passer par la seconde et la rhétorique, et fis ma philosophie sous Jacques du Chevreul, célèbre philosophe. J'estudié, ensuite en Sor-

M. du Chevreuil (23). Je pris le bonnet en 1645 (24). Je sortis de licence en 1642. [j'eus] mon evesché de Tulle en 1652 (la date du brevet), celui de Commenges le 5 janvier 1671. Je fus sacré en 1653 à Bourdeaux dans le grand couvent des Carmélites le jour de la Toussainct par Mgr l'archevesque de Toulouse (Bourlemont) (25), [l'evesque de] Bazas (Martineau) (26), et M. d'Angoulesme d'à present (27) pour la date des bulles je ne les ai pas à presant non plus que les autres. Celle de [la nomination de] conseiller est 1653 (28) au mois d'avril (29).

---

bonne où j'ay pris mes degrès. J'avois estudié soubs M. Lescot, depuis evesque de Chartres et MM. Duval, oncle et neveu. »

(23) Jacques du Chevreul (Capreolus), né à Coutances vers 1595, mort à Paris le 30 décembre 1649, professa la philosophie dans le collège d'Harcourt avec grand éclat, devint principal de ce collège, syndic de l'Université (1622), professeur de philosophie au collège royal en 1647. Voir *Mémoire historique et littéraire sur le collège royal de France* par l'abbé Goujet (tome II, p. 251-274).

(24) Ce que Baluze traduit ainsi (ms. 252, f° 156) : « *Doctor et socius Sorbonicus* 1645. »

(25) Charles-François d'Anglure de Bourlemont fut évêque d'Aire de 1650 à 1657, evêque de Castres de 1657 à 1662, archevêque de Toulouse de 1662 à 1669.

(26) Samuel Martineau siégea de 1646 à 1667. Voir *Gallia Christiana*, tome I, col. 1212-1213.

(27) François de Péricard siégea de 1646 à 1689. Voir *Gallia Christiana*, tome II, col. 1022. Baluze (ms. 252, f° 174) parle ainsi de la cérémonie du Sacre : « Assistans MM. du Parlement par députation au nombre de trente, les jurats, les officiers de marine et principalles personnes de la ville. » Guron rappelle (note à M. de Fès citée un peu plus haut) qu'il fut « sacré ayant la charge de chef du conseil de la marine et intendant dans les provinces de Poictou, Saintonge, Angoumois et Bearn. »

(28) Il s'agit là de la nomination de conseiller d'Etat, car ce ne fut qu'en 1655 que Guron devint conseiller au Parlement de Bordeaux. Voici une citation de Baluze (ms. 252, f° 183) : « Extrait des registres du Parlement de Bordeaux. Du mercredy 3 février 1655. Le sieur Louis Rechigrevoisin de Guron, evesque de Tulle, a fait enregistrer ses lettres de provision de conseiller en la cour, et ensuite a presté le serment. Après quoy a esté installé par le doyen de la cour au dessus de lui. » Boscheron des Portes *(Histoire du Parlement de Bordeaux*, 2 vol. in-8°, 1868) n'a pas mentionné l'évêque de Tulle parmi les membres de cette compagnie.

(29) C'est au f° 189 du ms. 252 que se trouve le mémoire que l'on vient de lire.

I

AU CARDINAL MAZARIN.

Monseigneur, M. de Senneterre (1) ayant appris que je m'estois retiré dans mon abbaye et dans la maison de mon neveu de Guron pour fortifier ma santé et m'achever de me guarir en prenant l'air natal, comme les médecins me l'ont ordonné, il m'a faict sçavoir que par ordre de Vostre Eminence il avoit retiré le brevet de l'evesché de Tulles à la reserve d'une pension de mil escus pour quelqu'un qu'il ne me nomme pas, et quoi qu'il me mande qu'on lui a promis que je ne la paierois pas et qu'on me donneroit un autre evesché meilleur à la première occasion, vous me permettrés dire avec ma liberté ordinaire que le mauvais traitement que je reçois de vostre part en ceste occasion me fait douter de l'effet de ceste parolle. Je n'eusse pas creu qu'après les parolles et vos lettres et les asseurances que le sieur Joubart me dit de vostre part sur un discours que je vous ay mandé que M. le Prince avoit fait sur mon sujet, que vous eussiés mis sur un evesché de neuf mil livres trois mil de pension. J'estois dans la pensée qu'après mes services, principalement les derniers que vous louastes si hautement au Port de Pile, en disant que le roy me devoit l'obeyssance de Poictou par la grande presse que je fis qu'on l'emmenast dans cette province, me faisoit

---

(1) Henri, marquis, puis (1665) duc de La Ferté-Senneterre ou Saint-Nectaire, né à Paris en 1600, était maréchal de camp depuis 1638. Il devint maréchal de France en 1651 et mourut en 1681.

croire (2) que vous me donneriés un plus grand evesché et que je serois exempt de pension. Mais quand je considère que sur un petit evesché vous mettés des charges, je dois croire que vous n'avés nulle estime de ma personne et que je n'ai jamais que perdu mon temps en m'attachant à vos interests. Je me persuadois que je serois traité aussi favorablement que Valavoire (3) qui a neuf mil livres de quitte, que l'abbé Foucquet qui a une abbaye sans aucune diminution (4) et quantité d'autres que je ne veux pas nommer qui ne sont pas de ma volée et de ma considération, comme Vostre Eminence l'a peu apprendre. Si j'avois divers interests comme ils ont eu, ou que j'eusse voulu faire divers personnages en ces derniers temps comme j'eusse peu, peut estre que je serois traité plus favorablement. [Le] ridicule dans lequel Vostre Eminence m'expose m'oblige à me plaindre et suis pourtant obligé de suivre la volonté de mes amis qui m'envoient le brevet que je dois recevoir vendredi prochain et je l'accepte pour avoir lieu de me plaindre et de ma mauvaise fortune et de mon temps perdu. Les remercimens donc que je suis

---

(2) Guron, dans son trouble, a oublié qu'il avait déjà écrit *j'estois dans la partie que...* ce qui rend sa phrase bien irrégulière.

(3) Il est question dans les *Mémoires de Mlle de Montpensier* (édition de M. Chéruel, t. II, p. 44) de deux frères de ce nom, l'un qui était abbé, l'autre qui commandait le régiment du cardinal Mazarin. Le savant éditeur n'a donné aucune indication sur ces deux personnages. Je puis du moins dire que le premier, Nicolas de Vallavoire, devint évêque de Riez (10 mai 1652) et siégea jusqu'au 28 avril 1685. Son frère, le marquis de Vallavoire (François-Auguste), fut nommé maréchal de camp en décembre 1650, lieutenant général des armées du roi en 1675; il mourut en avril 1694. Les Vallavoire étaient provençaux, du comté de Forcalquier. Voir dans le *Dictionnaire critique* de Jal l'article *Vallavoire*.

(4) François Foucquet, un des frères du surintendant, fut évêque d'Agde de 1643 à 1646 et mourut archevêque de Narbonne en 1673. Mais il s'agit ici d'un autre frère, Basile, qui fut abbé de Barbeaux, puis de Rigni et chancelier des ordres du roi.

obligé [d'adresser] à Vostre Eminence ne sont pas tels que je les eusse souhaitté et que j'esperois vous rendre. Neantmoins je vous en fais de très grands puisque vous me mettés dans un plus grand rang et vous me donnés lieu de me faire considerer davantage dans les occasions et de rendre des services qui se feront regarder. Tant que la mauvaise fortune vous tiendra séparé de la Cour, je ne vous manquerai pas de fidélité et ne ferai pas comme quelques personnes que je sçai qui se desmanchent (5). J'aurai soing de ce que j'ai à vous. Vostre Eminence aura deu sçavoir par M. Colbert (6) de quelle manière insolente le sieur Boilleve parle de vous dans Poictiers et sans mon crédit dans la ville il jouoit à faire piller vostre argent. Il m'estoit fort aisé de luy faire donner des coups de baston, mais j'eusse esté abandonné par vous mesme et vous ne m'en eussiés jamais approuvé, outre que le mauvais traitement que je reçois deschire le cœur aux plus zelés, mais quoi qu'il m'arrive je [ne] me repentiray jamais de m'estre dit ni de me dire tousjours, Monseigneur, de Vostre Eminence le tres humble, tres obeissant et tres fidelle serviteur.

GURON.

Au Moreaux, ce 23 septembre 1652 (7).

---

(5) L'expression *se démancher* a été employée, en ce sens métaphorique, par trois de nos plus pittoresques écrivains, Mme de Sévigné, le cardinal de Retz et Saint-Simon.

(6) Le futur ministre était alors intendant de Mazarin.

(7) Vol. Baluze, 252, f° 163. Autographe.

II

AU CARDINAL MAZARIN.

Monseigneur, j'ay receu ordre de la reine par M. de Senecterre d'aller avec M. de Vandosme au voiage qu'il fait à La Rochelle et de l'accompagner à l'entreprise qu'il fera dans la rivière de Bourdeaux. Vostre Eminence recevra par ce courrier tous les dessins qui se peuvent faire et aura un ample memoire de la part de M. de Vandosme auquel je me remettrai ne pouvant dire autre chose, sur quoi j'attendrai l'honneur de vos commandemens, comme sur toutes choses, souhaittant avec passion de respondre à la bonne opinion que Vostre Eminence a eue autrefois de moi et qu'elle peut avoir donnée à leurs Majestés. C'est pourquoi j'aporterai un si grand zèle et une si grande affection pour m'acquiter de la commission dont Sa Majesté m'a honoré que j'ose dire dès à presant que Vostre Eminence en sera satisfaitte. Cependant j'apprendrai de M. Colbert la volonté de Vostre Eminence sur ses affaires qui la regardent dans le pais où je vas et il ne se fera quoi que ce soit dont je ne rande un fidel compte. Parce que le temps est beau et fort advantageux je voulois avoir l'honneur de randre à Vostre Eminence moi mesme les tres humbles remercimens que je lui dois pour mon evesché, mais M. de Seneterre m'en a empesché, me tesmoignant qu'il estoit plus utile que je servisse Monsieur de Vendosme. J'espère donc l'honneur de vos commandemens et la continuation de vostre protection puisque je veux vivre et mourir,

Monseigneur, de Vostre Eminence le tres humble, tres obeissant et tres fidelle serviteur.

GURON, nommé evesque de Tulle.

Ce 10 decembre 1652 (1).

---

(1) Bibliothèque Nationale, vol. Baluze 252 déjà si souvent cité, f° 161. Autographe.

III

AU CARDINAL MAZARIN.

Monseigneur,

Vostre Eminence apprandra par M. de Droville les affaires de ce païs ici et la situation des choses aux quelles elle donnera, s'il luy plaist, ses ordres et me contenterai de lui dire que je serois le plus meschant homme du monde si je ne publiois la passion qu'a Monsieur de Vandosme pour vos interest et la facilité que j'ai conneu qu'il veut apporter à tout ce que vous souhaittés. Soubs pretexte de traités qui ne seront devant Dieu que tromperies, on a envoié des ordres tout contraires à vos lettres et à vos sentimens et cependant il semble qu'on me veut charger d'une chose que j'ai tout à fait ignorée. V. Em. ne m'a pas fait l'honneur de m'envoier ses commandemens sur quoi que ce soit et Messieurs les ministres ne m'ont rien fait connoistre. Monsieur de Senectere aura la bonté de l'entretenir de tout et s'il plaist à V. Em. de faire chastier ceux qui entretiennent la division de Monsieur de Mercœur avec Monsieur de Vandosme, elle verra que Monsieur de Vandosme ne respire que vous donner satisfaction sur le mariage (1) et que presan-

---

(1) Il s'agit du mariage du fils aîné du duc de Vendôme, Louis, duc de Mercœur, et de la nièce du cardinal Mazarin, Laura Mancini. Ce mariage s'était fait en 1651 à Brühl, pendant l'exil du cardinal, et on en avait contesté la validité. On voit par le soin que prend Guron à rassurer son correspondant au sujet de la bonne volonté du duc de Vendôme, que ce dernier avait été soupçonné de ne pas vouloir reconnaître la belle Laura pour sa légitime bru.

tement il n'appelle point Madame vostre nièce autrement que sa belle fille pour laquelle il fera ce que vous ordonnerés. Quant à Monsieur le duc de Beaufort (2), j'en ai desja etait assés amplement. Que V. Em. donc se déclare une fois pour tout et j'ose asseurer que vous vous loürés du procédé de Monsieur de Vandosme.

Je suis,
Monseigneur,
de V. Em.

Le très humble très obeissant et tres fidelle serviteur,

Guron nommé E. de Tulle (3).

De Xaintes ce 25 janvier 1653.

---

(2) Ai-je besoin de rappeler que le duc de Beaufort, *le roi des halles*, était le fils cadet du duc César de Vendôme ?

(3) Même volume 252, f° 177. Copie.

IV

AU CARDINAL MAZARIN.

Monseigneur,

Il y a deux jours que j'appris par M. de Conserans (1) que V. E. desiroit voir le bref qu'il a pleu à Sa Sainteté de m'escrire, et qu'elle avait tesmoigné que je devois luy avoir porté auparavant que de le rendre public. Il est vray, Monseigneur, que j'y estois obligé par mon devoir. Mais j'en ay esté empesché par le respect que je luy dois et par l'appréhension de l'importunité. Comme je n'ay jamais eu pour V. E. que de très profonds respects, j'ay toujours beaucoup de crainte de me rendre importun. Si je suis donc blasmable d'avoir manqué à mon devoir, je seray sans doute excusable, Monseigneur, d'avoir eu cette juste peur de la divertir d'un moment des hautes et des grandes occupations qu'elle a à l'advantage du service de Leurs Majestez.

Le mot de *videbatur*, dont on parle, qui est dans le bref (2), ne peut avoir d'autre sens que

---

(1) L'évêque de Conserans était alors Bruno Ruade, qui siégea de 1624 à 1643. Voir *Gallia Christiana* (tome I, col. 1141). J'ai publié deux lettres inédites de lui dans la *Revue de Gascogne* (tome XV, 1874, p. 421-424.)

(2) « *Dedit Dominus verba sua in ore nostro, ut de quinque controversis propositionibus, quæ ex Cornelii Jansenii libris excerptæ* VIDEBANTUR...... » et dans la traduction qui est en regard du texte latin : « qui *sembloient* estre tirées des livres de Cornelius Jansenius. » Le *bref* de N. S. Père le pape Innocent X envoyé à Mgr l'evesque de Tulle (du 21 mars 1624) est dans le volume Baluze 252, f° 191-192.) A propos de Jansénisme, n'omettons pas de dire que Louis de Guron

celuy que luy a donné V. E. et, quand elle aura pris la peine de se lire, elle en sera plus confirmée. M. l'Archevesque de Tolose, auquel je l'avois porté auparavant que de se faire voir à qui que ce soit, avoit déjà prévenu la pensée de V. E. et nous [demeurasmes] d'accord que ce mot ne se pouvoit tirer qu'a l'advantage de la bulle et des lettres de M^{rs} les prélats de France, ce qui m'avoit fait croire qu'il n'y avoit nul danger de le rendre public. Ce bref m'a esté envoyé par Sa Sainteté pour response à la lettre que je m'estois donné l'honneur de luy escrire dans laquelle je luy rendois compte de ma soubmission à sa bulle et de la publication dans mon diocèse, estant obligé à l'un et à l'autre par la lettre que V. E. ordonna qu'on escriroit à M^{rs} les prelats qui ne s'estoient point trouvez à Paris lorsqu'elle y fut receue.

J'adressay la mienne à Monseigneur le cardinal Antoine, qui m'y a fait response il y a deja quelque temps. Si j'ay esté le premier à recevoir un bref, j'ay esté et le premier et le seul à rendre compte à Sa Sainteté des choses qui m'avoient esté imposées. Mon devoir eust esté, Monseigneur, de le porter moy mesme à V. E. au lieu de luy envoyer une copie. Mais j'ay eu la mesme raison d'importunité à laquelle j'en adjoute une autre qu'elle ne desapprouvera pas, qui est le service que je dois à Dieu dans mon diocèse, où ses grands besoins et ma conscience m'appellent. Ne pouvant donc differer mon voyage

---

fut un des dix-neuf évêques qui adressèrent au pape une lettre (1er décembre 1667) en faveur des quatre prélats réfractaires. Voir à ce sujet les *Mémoires du P.* RENÉ RAPIN publiés par Léon Aubineau (tome III, pp. 432, 439). Dans le tome II, à la page 337, l'annotateur de ces mémoires a eu le tort de nous présenter l'évêque de Tulle comme « abbé de Moreuil, au diocèse d'Amiens. » *Moreuil* a été pris pour *Moreaux*.

par la longue vaquance, je supplie très humblement V. E. de l'agréer et de croire que j'y prieray Dieu pour une prosperité aussi heureuse que je luy souhaite une longue vie, puisque je suis,

 Monseigneur,
     de V. E.
Le très humble, très obeissant, très fidelle
 serviteur,
     Louis E. de Tulle.

A Paris, ce 5 may 1654 (3).

---

(3) Même volume 252, f° 190. Copie.

V

A COLBERT.

A Bourdeaus ce 17 juillet 1662.

Monsieur,

Comme la Gazete et mes amis m'ont donné advis que S. M. avoit fait le bon choix de M. de Castres à l'archevesché de Tolose (1), je n'ai pas eu de peine à me resoudre à vous demander cette obligation de vos bons offices pour l'evesché de Castres (2). Mes actions passées persuaderont assés facilement ma fidelité dans M. de Tolose d'a presant respondroit comme de mon entière correspondance à ses sentimens. J'aurois toute la reconnaissance à vos bontés et, pour vous le dire dans une vérité sincère et chrestienne, je ne voudrois avoir obligation qu'à vous que j'ai tousjours très fort honoré et de qui je serai toute ma vie avec respect,

Monsieur,

Vostre très humble et très obeissant serviteur,

Louis E. de Tulle (3).

---

(1) Charles François d'Anglure de Bourlemont fut nommé archevêque de Toulouse le 1ᵉʳ juillet 1662, mais plus de deux années se passèrent avant que ses bulles lui fussent expédiées. Voir sur ce prélat l'*Histoire des évêques et archevêques de Toulouse* par l'abbé Cayre, Toulouse, 1873, grand in-8º, p. 387-391.

(2) L'évêché de Castres fut donné à Michel Tubeuf qui siégea d'avril 1664 à avril 1682.

(3) Vol 252, fº 180. Autographe.

VI

« A MONSIEUR MONSIEUR DE LIONNE, MINISTRE D'ESTAT,
EN COUR. »

A Paris ce 25 mai 1667.

Monsieur,

N'ayant nule raison en moi qui puisse meriter l'honneur de vostre amitié ni vostre protection dans la demande que mes amis m'ont obligé de faire au Roy de l'evesché de La Rochelle (1), j'ai prié Monsieur le Commandeur de Neuchèse (2) de vous demander vos assistances et vos offices auprès de Sa Majesté. Feu Mgr le cardinal (3) m'avoit fait dire plusieurs fois qu'elle interposeroit son credit pour me donner moien de porter plus aisement la dignité dans laquelle il m'avoit mis, comme j'avois par ses ordres servi plusieurs an-

---

(1) Le siège de La Rochelle n'était pas vacant en 1667, l'évêque qui avait succédé (1ᵉʳ juillet 1661) à Jacques Raoul, c'est-à-dire Henri-Marie de Laval de Bois-Dauphin, le fils de la fameuse marquise de Sablé, ayant siégé jusqu'au 22 novembre 1693 (*Gallia Christiana*, tome II, col. 1378-79). Il est probable que l'on avait fait courir le bruit de la démission ou de la mort de l'évêque de La Rochelle, et que sur ce bruit Louis de Guron avait en toute hâte demandé la peau non disponible d'un *ours* qui devait encore tenir bon pendant vingt-cinq ans.

(2) Voir divers documents sur le vice-amiral de Neuchèse dans les *Lettres, instructions et mémoires de Colbert* publiés par P. Clément (t. III, *passim*). Cet homme de mer a été oublié dans nos recueils biographiques, même dans celui de l'ancien historiographe et archiviste de la marine, A. Jal.

(3) Mazarin était mort depuis près de dix ans (9 mars 1661). Lionne se souvenait-il encore de lui?

nées en ce lieu (4) j'en ai plus de connaissance et je croirois estre plus utile en ce lieu qu'ailleurs. J'aurai, Monsieur, une entiere reconnaissance de l'honneur que vous me ferés et vous attacherés à vous une personne qui sera toujours avec respect,

Monsieur,

Vostre très humble et très obéissant serviteur,

Louis E. de Tulle (4).

---

(4) Vol. 252, f° 181. Autographe. Sur L. de Guron à La Rochelle, voir une lettre du maréchal de La Meilleraye à Mazarin du 30 août 1650 *(Archives historiques du département de la Gironde,* tome IV, in-4°, p. 523.)

VII

A BALUZE.

De Toulouse ce 4 mai 1681.

Monsieur,

Je suis venu ici depuis 2 jours pour y faire les fonctions de la charge qu'il a pleu au Roy de me donner en ce parlement (1). M. de Lussan (2) a passé les festes chés moi et dans le peu de temps qu'il y a esté j'ai jeté les yeux sur le livre de M. Gerbais (3). Nous demeurames d'accort et de la doctrine et de l'ordre de ce livre, mais je fus surpris de l'acrimonie qu'il a mise contre la memoire de M. l'Archevesque de Paris Marca (4). Je vis, dimanche dernier, M. l'Archevesque de

---

(1) L'évêque de Comminges avait été nommé conseiller au Parlement de Toulouse, comme l'évêque de Tulle avait été nommé jadis conseiller au Parlement de Bordeaux.

(2) Je ne suis pas sûr de la lecture de ce mot qu'un des plus habiles paléographes de la Bibliothèque nationale a regardé comme indéchiffrable. Mais on reconnaît distinctement les deux premières lettres, et comme il existait alors soit dans le Conserans, soit à Toulouse même, des Marmiesse, seigneurs de Lussan, je suppose que c'était un d'eux qui fut l'hôte de l'évêque de Comminges.

(3) Jean Gerbais (1629-1699) fut docteur de Sorbonne, principal du collège de Reims, recteur de l'Université, professeur d'éloquence au collège royal, etc. Voir sur lui les *Mémoires* de Niceron (tome XIV, p. 130-1394, le *Mémoire historique et littéraire sur le collège royal de France* par l'abbé Goujet (tome II, p. 433-441). Le livre mentionné est intitulé : *Dissertatio de causis majoribus ad caput concordatorum de causis*, etc. (Paris, 1679, in-4º.)

(4) J'ai réuni diverses indications relatives à la vie et aux œuvres de Pierre de Marca dans l'*Avertissement* qui précède ses *Lettres inédites au chancelier Séguier* (Auch, 1881, grand in-8º).

Toulouse (5) pour lui dire que je m'en venois en cette ville et que je [le] laissais maistre absolu de mon diocese et que mes viquaires generaux avoient ordre de lui obeir en toutes choses. J'y trouvé les opuscules de M. de Marca que vous avés fait imprimer (6) et j'y leus vostre preface dans laquelle vous mettés tout ce que vostre reconnaissance et la vérité vous ont obligé de donner au public pour la deffense d'un si grand homme (7). J'ay creu vous devoir tesmoigner la part que je prans à la memoire d'un homme qui a servi l'Eglise et l'Estat dans des temps très difficiles, qui a eu la protection auguste de Sa Majesté, l'appui d'un grand ministre et l'approbation de ceux qui servent encore le Roy avec tant de gloire.

Dans la connoissance que j'ai de l'humeur douce et temperée de M. Gerbais et qui n'ignore pas qu'il n'est pas honorable à un homme de son merite et de sa profonde érudition d'attaquer un archevesque qui ne peut plus respondre, l'amitié que ce prelat a eu pour moi et la grande considération que j'ai eu pour lui, augmente la passion que j'ai de l'honnorer après sa mort plus que je n'ai fait durant sa vie et de vous faire connoistre la joie que vous conserviés l'atachement à la memoire d'un homme qui a eu de l'estime pour vous comme il me l'a dit plusieurs fois.

---

(5) C'était Joseph de Montpezat de Corbon qui siégea de 1675 à 1687.

(6) *Opuscules de M. de Marca*, etc. (Paris, 1681, in-8°.)

(7) C'est seulement dans la première édition de l'ouvrage de Gerbais (les autres éditions sont de Lyon, 1685; de Paris, 1691), qu'on lit, aux pages 60 et 61, pour emprunter une phrase au P. Niceron, « quelques traits contre M. de Marca, que Baluze a réfutés au long, et avec beaucoup trop de chaleur, dans sa préface, depuis le n° 26 jusqu'au n° 34. »

Je crois devoir adjouster ici qu'il m'a dit en plusieurs rencontres la raison qui l'obligea de faire ce livre qui fait la matière de la dispute qui vous a obligé de respondre dans vostre préface, qu'il me dit la première fois à Corbeil où il fut fait archevesque de Toulouse (8), revenant de ma prison (9) et qu'il me dit, à ce qu'il me fit connoistre par une pure marque d'amitié et de gratitude (ce furent ses termes) pour quelque discours que je fis à feu M. le cardinal Mazarin à Chastelerault, quand il revint joindre Sa Majesté à Poictiers qui y avoit fait un très grand sejour (10).

Il me dit que feu M. le cardinal de Richelieu voulant dominer dans l'Eglise comme il faisoit dans l'Estat eut la pansée de se faire patriarche d'Occident, ceux d'Orient ne restant plus que dans une facheuse image (11). Il descouvrit sa

---

(8) C'était donc en l'année 1652.

(9) L'abbé de Guron, qui avait été arrêté à Chambord par l'exempt qu'avait envoyé Mlle de Montpensier, fut emmené d'abord à Blois et ensuite interné à Montargis où il attendit le moment d'être échangé contre le baron de Barlo, colonel d'infanterie.

(10) Louis XIV quitta la ville de Bourges le 31 octobre 1652 et arriva dans les premiers jours de novembre à Poitiers ; il y demeura, dit Montglat *(Mémoires*, tome III, 1728, p. 226), le reste de l'année.

(11) Guy Patin écrivait le 19 juin 1643 : « On disoit aussi que son dessein étoit de devenir pape, ou au moins patriarche en France, » et il cite une épigramme en huit vers latins où l'on se moque (avec jeux de mots) des ambitieuses visées de Richelieu. On sait que Charles Hersent publia contre le projet du cardinal un pamphlet qui eut un grand retentissement : *Optati Galli de Cavendo schismate liber parœneticus* (Paris, 1640, in-8° de 39 pages). Voir, dans la *Bibliothèque historique de la France* (tome I, p. 494, n° 7258), une note sur l'opuscule du chancelier de l'église de Metz et *(Ibid.* n° 7259-7270) la liste des réfutations dont cet opuscule fut l'objet de la part du futur évêque de Vabres, Isaac Habert, de l'érudit magistrat Nicolas Rigault, du docteur en médecine Marin Cureau de la Chambre, de Jean de Saint-Blancat, le poète toulousain (Voir les *Lettres de Jean Chapelain*, tome I, 1876, p. 720), de Jean Sirmond, l'académicien, du P. Michel Rabardeau. Voir dans le recueil des manuscrits de Marca, à la Bibliothèque Nationale, fonds français, n° 477, des *remarques sur le livre du P. Rabardeau* (f° 132), précédées de *Réflexions générales sur l'Optatus Gallus* (f° 132). Conférez les *Mémoires* de Charles de Montchal, archevêque de Toulouse.

pansée à feu M. le chancelier Seguier pour scavoir de luy s'il connoissoit quelqu'un qui peut apprecier ceste pansée par des escrits. Ce ministre luy proposa M. de Marca qui estoit en ce temps là conseiller d'Estat ordinaire (12). M. le cardinal de Richelieu lui dit de [le] lui amener à un jour marqué. S. Em. lui dit sa pansée. M. de Marca lui dit les impossibilités qu'il y avoit d'y pouvoir reussir qui seroient trop longues à escrire et que enfin il causeroit un grand schisme dans l'Eglise, mais qu'il feroit un livre qui lui donneroit une authorité fort approchante auquel Rome ne pourroit respondre (13). Quelque temps après, il fit dire par M. le chancelier que ses memoires estoient en estat d'estre presantés. M. le cardinal de Richelieu les lut et les fit lire. M. de Marca me dit qu'il n'en fit ni cas ni estime. Ce sont les termes qu'il me dit. Ce grand ministre mourut quelque temps apprès, mais tout cela se passa dans les années 1641 et 1642. C'est l'epoche *(sic)* qu'il m'a donnée de laquelle nous avons parlé souvant feu M. de Montpellier Bosquet (14) et moi auquel il l'avoit dit et feu M. le Chancelier, m'adjoutant qu'il l'avoit confirmé dans ceste pansée par des raisons très fortes qu'il m'a aussi dites.

J'ai creu estre obligé de vous dire ce que j'ai

---

(12) Ce fut en 1639 que Pierre de Marca fut nommé conseiller d'État.

(13) *De concordia sacerdotii et imperii* (1641, in-f°.)

(14) François de Bosquet, né à Narbonne en mai 1605, mort en juin 1676, fut successivement intendant de Guyenne et de Languedoc, évêque de Lodève (1648), de Montpellier (1655). Voir une étude de M. l'abbé P. Henry, docteur en théologie : *François Bosquet, évêque de Lodève et de Montpellier. Son rôle dans l'affaire du Jansénisme* (Montpellier, 1884, in-8°), étude détachée d'une *Vie* du savant prélat qui sera, d'après ce que les communications de l'auteur me permettent d'entrevoir, un travail de grand intérêt et de grande importance.

sceu sur ce sujet et vous dire que je n'ai peu m'empescher de vous louer du soin que vous prenès de defendre cet homme illustre que tous les sçavans ont recherché durant sa vie, qu'ils l'ont loué et qui publièrent qu'ils s'instruisoient tous les jours avec lui.

Je demeure tousjours dans mon estonnement d'avoir veu le sel de M. Gerbais pour lequel je ne puis avoir une estime particulière de sa personne. J'espère que, un jour, nous en parlerons lui et moi et que tout se passera en critique de gens sçavans sans vouloir avoir intention d'offenser la memoire d'un si grand homme.

Je suis,
   Monsieur,
Vostre très humble et très obeissant serviteur,

Louis E. de Comenge (15).

---

(15) Vol. 252, f° 183. Autographe.

VIII

« A MONSIEUR BALUZE. »

De Toulouse ce 25 juin 1681.

Monsieur, je vous envoie en gros ce que vous avez voulu me demander (1). J'ai hesité si je vous en escrirois car estant caché dans un pais d'exil et desert je me dois tenir caché en toutes manières, mais comme vous faistes l'histoire des evesques de Tulle et que j'ay eu l'honneur de l'avoir esté et que j'y ay succedé à quantité de personnes de grande qualité, je ne puis pas me refuser d'estre dans un si grand nombre dont je vous serai très obligé et suis, Monsieur, vostre très humble et très obeissant serviteur.

Louis Ev. de Comenge (2).

---

(1) Le *mémoire autobiographique* mis en tête de ce petit recueil.
(2) Vol. 252, f° 185. Autographe.

APPENDICE

I

NOTE SUR LA FAMILLE DE GURON.

La famille de Guron est une des plus antiennes et illustres du Poictou quy a tousjours esté des plus considérées parmy la noblesse. Aussy y a il peu de gentilz hommes qui n'y soient alliés.

Dans ses premiers temps elle estoit fort riche et opulente. Leur maison size pres Lusignen estoit bastie magnifiquement et consistoit en de beaux droicts seigneuriaux, mais comme cette famille s'est trouvée particulièrement opposée aux heretiques et secte de Calvin, principalement au temps de la Ligue et des guerres civiles en France, feu Monsieur de Guron, ayeul de celuy quy est à present nommé à l'evesché de Tulles, estant gouverneur pour le roy de la ville et chasteau de Lusignen en Poictou, l'admiral de Colligny quy, avec une armée de 40 mil hommes, assiegeoit Poitiers, voyant que Lusignen luy estoit contraire, il l'assiégea aussy, mais le dict seigneur de Guron luy fist lever le siege honteusement et le repoussa vigoureusement, ayant les plus beaux exploicts de guerre qui se puissent imaginer, mais il y perdit sa femme qui fut tuée sur les murailles du chasteau d'un coup de mousquet (1). Coligny, dans sa colère, alla à Guron qu'il fist razer et toutes les mestairies et bois de fustaye qui en depandoient, et le gendre du dict seigneur de Guron revenant du dict siège de Lusignen pour aller vers La Rochelle avec sa femme, il fut rencontré par une troupe d'heretiques, quy, en hayne d'avoir esté repoussez de Lusignen le tuèrent, et depuis ruinèrent cette famille de Guron autant qu'il leur fust possible.

Ce Guron, gouverneur de Lusignen, a laissé un filz quy a esté vray heritier de sa valeur et de sa piété quy a rendu des services très considérables à la couronne de France. Aussy a il esté honoré de la charge d'introducteur des ambassadeurs vers le Roy et comme il estoit plein d'esprit et de jugement il a esté ambassadeur pour le Roy (2), commandé dans Cazal (3) et a esté

---

(1) Aux indications déjà données dans l'annotation du mémoire autobiographique de Louis de Guron, j'ajouterai la mention d'un article de la *Revue de l'Aunis, de la Saintonge et du Poitou* par M. L. F. Bonsergent (La Rochelle et Niort, 1867, tome V, p. 49-57), où est reproduit un document, extrait du portefeuille LXV des manuscrits de Dom Fonteneau, et intitulé : *Prise et reprise du château de Lusignan en Poitou le jour de dimanche gras de l'année 1569*. Cette relation, copiée sur un manuscrit du temps trouvé au château de Guron, avait été déjà donnée, mais en abrégé, dans l'*Histoire du Poitou* de Thibaudeau. M. Bonsergent, qui a fait suivre ce morceau d'une *notice sur la famille de Guron* (p. 65-68), généalogie extraite aussi du portefeuille déjà cité de Dom Fonteneau (n° LXV, f° 813-814), ne serait pas éloigné de croire que l'auteur de la relation, où de grands éloges sont décernés à Mme de Guron, morte si tragiquement et si héroïquement, n'est autre que le mari même d'Anne Bonnin.

(2) Voir sur sa nomination d'ambassadeur en Angleterre la *Gazette* du 18 juin 1633. Voir cette même *Gazette* au sujet de sa mort (n° du 20 janvier 1635). J'ai vu à la Bibliothèque Nationale, soit dans le fonds français, soit dans la collection Dupuy, un grand nombre de lettres et mémoires adressés à Jean de Guron ou rédigés par lui.

(3) Sur Jean de Guron considéré comme officier, voir la *Chronologie historique militaire* de Pinard (tome VI, 1763, in-4°, p. 89). Il fut surtout admiré pour sa belle défense de Cazal où il résista pendant onze mois à des attaques sans cesse renouvelées.

honoré de l'amitié du feu Roy Louis XIII. Feue Madame sa femme estoit d'une très grande piété et religion et fort memorable pour ses rares qualités comme toute cette famille quy a tousjours esté remarquée en France pour estre très pieuse et devote.

Ce dernier Guron a laissé trois enfans très généreux et très grands ennemis des heretiques quy ont tous et mesme les enfans de l'aisné eu des emplois et commandemens dans les armées de France très considérables et un quatriesme fils quy a tousjours esté tellement considéré dans l'estat qu'il a incessamment depuis quinze ans esté employé pour les affaires du Roy dans des commissions honorables qui ont signalé sa vertu et sa fidélité et son mérite, en sorte qu'il est à presant nommé à l'evesché de Tulles. Sa piété et sa religion le rendront très digne de cette dignité dans laquelle il fera de très grands fruits en l'église (4).

---

(4) De cet éloge rapprochons ces lignes du *Sorberiana sive excerpta ex ore Samuelis Sorbière (editio auctior et emendatior.* Toulouse, Colomyez, 1694, p. 212) : « Ce digne prélat, en qui tout le monde admire la droiture de son âme et de son cœur, est fils du comte de Guron, qui s'acquit tant de gloire dans les ambassades dont le feu roi l'avoit honoré. » Rappelons que l'éditeur du *Sorberiana,* le savant Graverol (de Nimes) adressa les *Mémoires pour la vie de MM. Sorbière et J. B. Cotelier,* mis en tête du recueil, « à Messire Louis de Rechignevoisin de Guron, évêque de Comenge. » La lettre de Graverol au prélat est datée de Nimes le 5 janvier 1687.

II

NOTE SUR LES LETTRES DE GURON RELATIVES A LA FRONDE BORDELAISE.

L'évêque de Tulle fut un des meilleurs auxiliaires du cardinal Mazarin dans l'œuvre difficile de la pacification de la Guyenne en l'année 1653. Les historiens de cette province et de sa capitale, ainsi que les rédacteurs de mémoires (notamment le P. F. Berthod dans le tome XLVIII de la collection Petitot, seconde série, et dans le tome X de la collection Michaud, seconde série), ont signalé la grande part prise à la paix de Bordeaux par un agent aussi habile et aussi zélé. Mais nulle part on ne trouvera le récit de ses démarches, de ses efforts, retracé avec autant de vérité que dans ses lettres à Mazarin. Cette correspondance, conservée aux Archives Nationales (registre KK 1219 et 1220), a été publiée dans trois volumes du recueil auquel je resterai toujours fier d'avoir tant travaillé, les *Archives historiques du département de la Gironde* (tome VII, 1865, p. 263-330; tome VIII, 1866, p. 115-459; tome XV, 1874, p. 329-432). Il y a là trente-quatre lettres, quelques-unes d'une étendue considérable et qui sont des relations plutôt que des lettres, comprises entre ces dates : 4 février 1653, 14 septembre de la même année. Ceux qui voudront étudier de très près les derniers chapitres de l'histoire de la fronde bordelaise, trouveront en ces trente-quatre lettres tous les détails désirables (1).

J'ai gardé, parmi des notes prises jadis à Paris, la transcription de la première partie d'une dépêche de L. de Guron au cardinal Mazarin, du 13 juillet 1653, tirée du f° 306 du registre tout à l'heure indiqué. Ce fragment n'ayant pas été utilisé je ne sais pourquoi, je le reproduis ici comme un tout petit supplément aux lettres déjà connues :

« Monseigneur, j'envoie à Monsieur de Senecterre un memoire de ce qui s'est passé à Bourdeaux ces jours passés, lequel nous est confirmé par quantité de lettres. Monsieur de Vandosme partit hier pour Libourne et, cette nuit, j'ai fait partir les galères et les galiotes. M. d'Estrade a investi cette place de jeudi au soir et a pris un convoi de huit charrettes chargé de farines. Apprès cette expedition il faut eschauffer les peuples et pousser les bons bourgeois à demander la paix et par intrigues et par force tant de mer que de terre par l'approche des troupes quoique je sois tombé d'accord avec Monsieur de Vandosme d'aller à l'Admiral si les affaires de Bourdeaux prenoient subitement un bon trin. J'y ay envoyé exprès pour sçavoir sa dernière intention. Cependant j'ay escrit à Bourdeaux ce que j'ay jugé necessaire pour les obliger à la continuation de la demande de la paix.

---

(1) M. le comte de Cosnac, dans les derniers volumes de ses très intéressants *Souvenirs du règne de Louis XIV*, a donné quelques lettres de L. de Guron, l'une inédite, écrite de Saintes, le 26 août 1652, à Le Tellier, et tirées des archives du ministère de la guerre (tome IV, 1874, p. 414-416), les autres déjà publiées par l'auteur de cette note (tome VII, 1880, p. 124-126, 147-149; tome VIII, 1882, p. 80-82; 124-126.)

4

» M. de Candale s'en alla hier du costé de Begle et sur l'advis que les ennemis paroissoient du costé d'Arcaxon [Arcachon] il y envoie M. de Marins.

» M. Desardens m'a rendu la lettre qu'il a pleu à Vostre Eminence de m'escrire en sa faveur. Son arrivée m'a fort surpris, car s'il eust dit à V. E. comme les choses se sont passées, peut-estre ne l'eust-elle pas envoyé sans vouloir estre instruite des choses passées. Quelque instance que j'aye peu faire, Monsieur de Vandosme s'est tousjours excusé de le voir, me conjurant de mander à V. E. qu'elle luy ordonnast tout ce qu'il luy plairoit pourveu qu'elle ne l'obligeast pas à le voir, se persuadant que si elle en sçavoit les raisons, qu'elle ne l'en presseroit pas. Le dict sieur Desardens sçait bien de quelle manière je le servis l'année dernière, au retour du combat et au dernier mois de janvier. Enfin M. de Vandosme croit que cela regarde M. le Mareschal de La Meilleraye qui tient encore Feran prisonnier...

» Le comte de Maure estoit sorti de Libourne et s'estoit retiré à Bourdeaux d'où il devoit sortir vendredy au soir pour revenir dans son gouvernement. »

www.ingramcontent.com/pod-product-compliance
Lightning Source LLC
Chambersburg PA
CBHW060515050426
42451CB00009B/998